W0365218

LE GRAND JEU de la DÉTOX ÉMOTIONNELLE

Édition : Catherine Bédard
Design graphique : François Daxhelet
Révision : Isabelle Pauzé
Correction : Jocelyne Cormier
Photo de l'autrice : Charles Mackay Loiselle
Images : Shutterstock

DISTRIBUTEURS EXCLUSIFS :
Pour le Canada et les États-Unis :
MESSAGERIES ADP inc.*
Téléphone : 450-640-1237
Internet : www.messageries-adp.com
* filiale du Groupe Sogides inc.,
filiale de Québecor Média inc.

Pour la France :
INTERFORUM ÉDITIS
Téléphone : 33 (0) 1 49 59 11 89 / 12 40
Service commandes France Métropolitaine
Téléphone : 33 (0) 2 38 32 71 00
Internet : www.interforum.fr
Service commandes Export — DOM-TOM
Internet : www.interforum.fr
Courriel : cdes-export@interforum.fr

Pour la Suisse :
INTERFORUM editis SUISSE
Téléphone : 41 (0) 26 460 80 60
Internet : www.interforumsuisse.ch
Courriel : office@interforumsuisse.ch
Distributeur : OLF S.A.
Commandes :
Téléphone : 41 (0) 26 467 53 33
Internet : www.olf.ch
Courriel : information@olf.ch

Pour la Belgique et le Luxembourg :
INTERFORUM BENELUX S.A.
Téléphone : 32 (0) 10 39 59 54
Internet : www.interforum.be
Courriel : Export.Belgique@interforum.fr

09-24

Imprimé en Chine

© 2024, Le Jour, éditeur,
division du Groupe Sogides inc.,
filiale de Québecor Média inc.
(Montréal, Québec)

Tous droits réservés

Dépôt légal : 2024
Bibliothèque et Archives nationales
du Québec

ISBN 978-2-89839-006-7

Gouvernement du Québec – Programme de crédit d'impôt pour l'édition de livres – Gestion SODEC – www.sodec.gouv.qc.ca

L'Éditeur bénéficie du soutien de la Société de développement des entreprises culturelles du Québec pour son programme d'édition.

Conseil des arts du Canada | Canada Council for the Arts

Nous remercions le Conseil des arts du Canada de l'aide accordée à notre programme de publication.

Financé par le gouvernement du Canada
Funded by the Government of Canada
Canada

Nous reconnaissons l'aide financière du gouvernement du Canada par l'entremise du Fonds du livre du Canada pour nos activités d'édition.

ANNE LOISELLE
avec la collaboration
de Dali Sanschagrin

LE GRAND JEU de la DÉTOX ÉMOTIONNELLE

Un moment de réflexion pour soi

Le jour

TABLE DES MATIÈRES

MOT DE L'AUTRICE

Ne dit-on pas que l'imagination crée? L'outil divin que vous avez entre les mains en est la preuve vibrante. Quelle joie d'avoir construit cet objet fabuleux avec ma partenaire en écriture et concept, Dali Sanschagrin! Nous en avons rêvé. Et il s'est concrétisé, ce *Grand jeu de la DÉTOX émotionnelle*. Une création dans notre *flow*, comme on dit!

Je suis passionnée d'oracles, de tarots et de cartes divinatoires en tout genre depuis des siècles et des siècles. Quel sorcier, quelle sorcière ne possèdent pas ces messagers de papier? Ces cartes du moment présent? Ces fragments d'intuition en carton?

Le jeu que vous tenez entre vos mains est inspiré des principes de la détox émotionnelle. Il a été conçu pour vous aider à vous connecter à vous-même, à vos émotions. Ces cartes-amies vous invitent à vibrer à votre essence, et à prendre un temps de réflexion pour mieux vous comprendre et vous écouter.

Ce jeu peut être vu comme un complément magique à mes livres *DÉTOX émotionnelle pour tous* et *Le grand livre de la DÉTOX émotionnelle*, mais il existe tout à fait en lui-même. Si les messages de cartes vous parlent et vous stimulent, plonger dans la lecture de ces ouvrages vous plaira assurément! Vous y trouverez un maximum d'outils et une compréhension supplémentaire.

Anne

À PROPOS DE LA DÉTOX ÉMOTIONNELLE

Nous avons tous un son, une note de musique, une couleur qui nous est propre. Lorsque nous sommes en désaccord avec nos vibrations, cela crée inévitablement de la distorsion.

Ce qu'il faut comprendre d'emblée, c'est que tout autour de nous et en nous n'est qu'énergie. Nous vibrons selon nos pensées, qui nous font vivre des émotions qui, à leur tour, influencent notre signature magnétique.

Parfois, une simple petite discordance peut nous faire vivre un grand malaise sans même que nous en connaissions la raison. On se questionne, sans comprendre: « Mais qu'est-ce que j'ai? »

C'est dans ces moments que ma détox émotionnelle peut vous éclairer. Elle vous permettra de retrouver l'équilibre par l'harmonisation des chakras. Cette approche est une alliée précieuse dans toute démarche globale de bien-être.

Il existe sept chakras principaux. Les connaître permet de comprendre la provenance des blocages et de les défaire plus facilement:

1er chakra : Muladhara
Chakra racine. Surmonter ses peurs.

2e chakra : Svadhisthana
Hara, chakra sacré. Se connaître et s'écouter.

3e chakra : Manipura
Chakra du plexus solaire. Être dans sa puissance.

4e chakra : Anahata
Chakra du cœur. S'aimer, aimer et être aimé.

5e chakra : Vishuddhi
Chakra de la gorge. S'exprimer harmonieusement.

6e chakra : Ajna
Chakra du troisième œil. Se relier à son essence.

7e chakra : Sahasrara
Chakra couronne. Se reconnecter à l'univers.

LES CARTES

Le jeu est composé de 8 cartes pour chacun des 7 chakras, pour un total de 56 cartes.

Deux sens possibles

Chaque carte dévoile un thème à explorer, ainsi que deux messages, en fonction du sens dans lequel la carte est pigée. Ces messages ciblent la recherche de l'équilibre par l'harmonisation des chakras. Dans un sens, vous explorerez le thème sous l'angle de l'équilibre. Dans l'autre, vous vous intéresserez au thème en tenant compte d'un possible déséquilibre. Il y a toutefois une petite exception : les cartes « joker », au nombre d'une par chakra, ne portent qu'un seul message à découvrir !

À l'occasion, le côté de carte que vous serez appelé à découvrir vous proposera un conseil ou un exercice numéroté tiré de ce petit livret.

Le pourcentage kiné

Vous trouverez un pointage négatif ou positif à la fin de chaque message. Ces chiffres s'inspirent de la kinésiologie. En kiné-coaching, nous pouvons calculer le pourcentage de positivisme d'une situation ou d'un produit par des tests énergétiques. Il est ainsi possible d'interroger l'inconscient et d'obtenir la réponse à un questionnement. On peut ainsi savoir si une situation ou un produit est bon pour nous et dans quelle mesure il l'est.

Le tirage 1, intitulé «question et réponse», réfère précisément à ce pourcentage. Rien ne vous empêche toutefois de le calculer dans les autres types de tirages.

En faisant l'addition des chiffres sur vos cartes, vous obtiendrez le pourcentage d'équilibre ou de déséquilibre de votre situation actuelle:

- **De -16 à -20 points:** Il faut revoir complètement votre enjeu. La direction entreprise ne semble pas être la bonne pour atteindre vos objectifs.
- **De -11 à -15 points:** La conjoncture ne semble pas en faveur de votre enjeu.
- **De -7 à -10 points:** Souhaitez-vous vraiment ce que vous demandez? La situation actuelle ne semble pas idéale pour sa réalisation.
- **De -3 à -6 points:** L'enjeu demande à être réévalué. Vous ne semblez pas aligné à votre être profond.
- **De -2 à 2 points:** La situation est ambiguë. Il semble y avoir un manque de clarté sur le plan de l'enjeu lui-même.
- **De 3 à 6 points:** La situation demande réflexion. Savez-vous vraiment ce que vous souhaitez?
- **De 7 à 10 points:** La situation est positive. Elle n'attend qu'un petit souffle de magie pour fleurir!
- **De 11 à 15 points:** La situation va évoluer dans le sens souhaité avec éclat!
- **De 16 à 20 points:** Succès retentissant!

MISE EN PLACE

Sans être obligatoire, un certain rituel favorisera la concentration. Installez-vous dans un endroit qui vous est cher, propre et sacré. Faites circuler l'air, préparez une boisson chaude cérémoniale, entourez-vous de bougies, d'encens, de pierres et de cristaux. Faites de ce moment VOTRE moment.

Pensez également à vous munir d'un «Journal de tirage». Les cartes portent des messages qui vous inviteront à la réflexion. Véritable journal de bord, il sera votre allié lors des tirages. Vous pourrez y noter vos résultats, vos exercices favoris et votre évolution.

Enfin, pensez à réaliser l'exercice suivant pour enlever l'inversion psychologique.

Un exercice indispensable

L'un des mouvements énergétiques de notre corps circule des pieds à la tête sur l'avant du corps. Parfois, le mouvement se fait dans le sens inverse, c'est-à-dire de la tête aux pieds, en passant par l'arrière du corps. On dit alors qu'il y a une inversion des polarités de notre système énergétique.

Imaginez une pile qui aurait deux côtés positifs ou deux côtés négatifs: elle ne pourrait pas fonctionner correctement. Voilà exactement ce qui nous arrive lorsque nous vivons de l'inversion. On peine alors à prendre les justes et bonnes décisions pour nous; on se sent dispersés, démotivés, on manque de concentration et on a l'impression de tourner en rond.

Plusieurs choses peuvent nous mener vers l'inversion: une très mauvaise nouvelle, mais aussi les simples désagréments du quotidien. Bref, nous sommes constamment exposés à une foule d'événements et d'occasions qui risquent de nous inverser! D'où l'importance d'enlever l'inversion au quotidien et, plus particulièrement, avant de procéder au tirage.

Comment faire? Avec quatre doigts (index, majeur, annulaire et auriculaire) d'une main, tapotez sur le point karaté de la main opposée. Cela correspond à la tranche de la paume et au méridien de l'intestin grêle. Tout en tapotant, répétez la phrase suivante trois fois à voix haute: «Même si je suis inversé, je choisis de m'aimer totalement et profondément.» Pensez à décroiser les jambes, puisque le but est de faire circuler l'énergie!

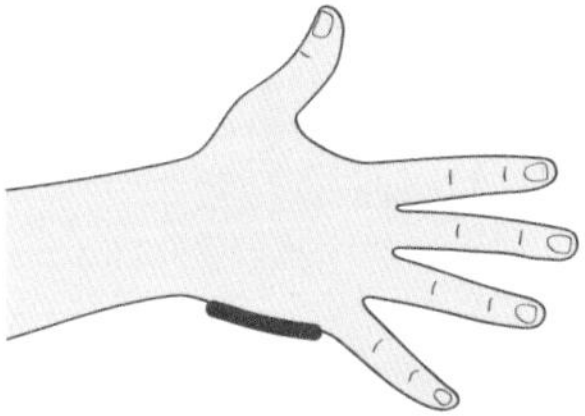

LES TIRAGES

Il y a quatre façons de réaliser les tirages du *Grand jeu de la DÉTOX émotionnelle* et plus de 100 000 combinaisons possibles. Une source inépuisable!

TIRAGE N° 1

QUESTION ET RÉPONSE

Ce tirage est sans doute le plus simple et le plus rapide à effectuer. Brassez les cartes en pensant à une question précise. Déposez le paquet de cartes devant vous, face cachée.

Tirez deux cartes. Celles-ci doivent être utilisées dans le sens où elles ont été tirées, que ce soit en équilibre ou en déséquilibre. Additionnez les chiffres correspondant à chacune des deux cartes. Le total des points vous donnera une indication sur les vibrations actuelles pour votre enjeu à savoir si elles sont plus ou moins favorables dans l'immédiat.

N'oubliez jamais que le résultat n'est qu'une indication de ce que vous pouvez mettre en place afin d'atteindre votre but. TOUT EST TOUJOURS POSSIBLE. On vit ce que l'on vibre!

Si une des deux cartes est un joker, suivez les indications de celui-ci, et votre réponse sera d'emblée positive!

Les messages des cartes offriront des pistes à explorer pour atteindre votre objectif et réaliser votre souhait.

Exemple :
Question :
« Vais-je obtenir la promotion souhaitée ? »
Carte 1 : Assimilation en déséquilibre -1
Carte 2 : Acceptation en déséquilibre -3
Total : -4

Réponse :
De -3 à -6 points : L'enjeu demande à être réévalué. Vous ne semblez pas aligné à votre être profond.

TIRAGE N° 2

PASSÉ, PRÉSENT ET FUTUR

Brassez les cartes en pensant à votre enjeu actuel. Déposez le paquet devant vous, face cachée.

Lorsque vous sentez que le moment est le bon, coupez le paquet avec la main gauche et déposez ce second paquet à la droite du premier. Coupez ensuite ce nouveau paquet, toujours avec la main gauche, et déposez le troisième paquet ainsi formé à la droite des deux premiers.

Tournez la première carte du paquet de gauche. Celle-ci est à lire dans le sens où elle a été tirée, soit en équilibre ou en déséquilibre. Le message correspond au passé de l'enjeu.

Répétez l'action pour le paquet du centre, qui correspond à la situation actuelle, au présent.

Finalement, découvrez la carte du paquet de droite. Vous y trouverez un message pour atteindre, dans le futur, l'harmonie par rapport à votre enjeu.

TIRAGE N° 3

KINÉ-COACHING

Brassez les cartes en pensant à votre enjeu actuel. Déposez le paquet devant vous, face cachée.

Lorsque vous sentez que le moment est le bon, coupez le paquet avec la main gauche et déposez ce second paquet à la droite du premier.

Tournez la première carte du paquet de droite. Deux options s'offrent à vous:

1. Si vous conservez cette carte-thème, placez-la face vers le haut (carte 1 sur l'illustration); ou
2. Si vous ne souhaitez pas la conserver, placez-la face à l'envers (carte 2 sur l'illustration). Vous ne pourrez pas y revenir. Tournez ensuite la première carte du paquet de gauche et placez-la face vers le haut (carte 1 sur l'illustration).

Glissez la carte-thème choisie (carte 1 sur l'illustration) sous la carte discartée (carte 2 sur l'illustration), ne laissant paraître que le thème de la carte. Il s'agit du thème de votre tirage en réponse à votre enjeu.

Reprenez les deux paquets et brassez toutes les cartes restantes en pensant à votre enjeu. Lorsque vous le sentez, étalez vos cartes et pigez-en une au hasard. Placez-la à gauche (carte 3 sur l'illustration) afin de pouvoir lire le sens «déséquilibre». Pigez une seconde carte au hasard et placez-la à droite (carte 4 sur l'illustration) afin de lire le sens «équilibre».

Prenez deux cartes face contre la table (cartes 5 et 6 sur l'illustration) pour cacher le bas des cartes 3 et 4.

Si, dans un tirage kiné-coaching, vous pigez une carte joker, laissez-la simplement de côté et pigez la suivante.

Vous avez maintenant votre «balance» du tirage. À gauche, vous verrez ce qui est à «dégager» pour le bien de votre enjeu. À droite se trouve un message pour ce qui est à «installer» dans votre vie pour le bien de celui-ci.

TIRAGE N° 4

HARMONISATION DES CHAKRAS

Deux choix s'offrent à vous pour harmoniser vos chakras.

La première option s'applique si vous ressentez un blocage important au niveau d'un ou de plusieurs chakras. Si c'est votre cas, lisez les 56 cartes complètes (équilibre *et* déséquilibre), du premier chakra jusqu'au septième, à raison d'une carte par jour.

La seconde option est pour vous si vous ressentez une problématique précise. Dans ce cas, lisez uniquement sur les cartes du chakra correspondant à celle-ci, à raison d'une carte complète par jour (équilibre *et* déséquilibre).

L'ouvrage *Le grand livre de la DÉTOX émotionnelle* détaille les problématiques possibles en lien avec chaque chakra, mais voici une petite liste non exhaustive susceptible de vous éclairer :

- **1er chakra :** Manque de confiance, peurs existentielles, peurs de survie, insécurités.
- **2e chakra :** Culpabilités, dépendances, peur du manque.
- **3e chakra :** Agressivité, soif de pouvoir, manque d'estime de soi.
- **4e chakra :** Isolement, amertume.
- **5e chakra :** Confusion, difficulté à s'exprimer.
- **6e chakra :** Manque de concentration.
- **7e chakra :** Fuite de la réalité, désintérêt pour l'existence terrestre.

Si votre enjeu se trouve sur le plan de la communication, par exemple, vous pourriez lire les cartes du cinquième chakra, soit le chakra de la gorge.

LES EXERCICES

Les pages suivantes contiennent de précieuses réflexions et d'intéressants exercices pour cheminer dans votre détox émotionnelle. À explorer sans modération!

EXERCICE N° 1

LE POINT 1 ESTOMAC

Le point 1 Estomac est un point d'acupuncture. Il se situe sous l'œil, au centre de la paupière inférieure (pas dans l'œil!). Avec l'index et le majeur, tapotez doucement ce point en répétant cette phrase: «Même si je ne sais pas comment, je choisis de prendre soin de moi et de m'accompagner dans toutes mes actions avec confiance et bienveillance.» À faire 3 fois par jour, pendant 21 jours.

EXERCICE N° 2

LA RESPIRATION AU CARRÉ

Pendant 7 jours, matin et soir et au besoin, pratiquez la respiration au carré. Elle se déroule en quatre temps d'égale durée:

1. On inspire par le nez, tout en comptant jusqu'à 4.
2. On bloque le souffle, tout en comptant jusqu'à 4 (il s'agit de la rétention à poumons pleins [RPP]).
3. On expire par le nez, tout en comptant jusqu'à 4.
4. On bloque le souffle, tout en comptant jusqu'à 4 (il s'agit de la rétention à poumons vides [RPV]).

EXERCICE N° 3

LA CONSCIENCE

Vous sentez une pulsion pour une substance ou une habitude qui semble être une échappatoire, une bouée de sauvetage, une automédication, une dépendance? Arrêtez tout!

Dans votre Journal de tirage, répondez à ces questions:

- Pourquoi ai-je envie de cela?
- De quoi ai-je réellement besoin en ce moment?
- Est-ce bénéfique pour moi et mon entourage?
- Une fois la pulsion assouvie, comment vais-je me sentir?

EXERCICE N° 4

VAINCRE LA PROCRASTINATION

Cette semaine, fixez-vous un objectif. Ensuite, identifiez de petites actions quotidiennes qui, cumulées, vous permettront de faire de petits pas concrets vers ce que vous souhaitez réaliser. Enfin, célébrez-vous!

La récompense doit être bénéfique pour vous, bien entendu! L'idée est de vous donner un premier coup de main pour faire débloquer le travail, l'entreprise, etc. Le cacao pur en version chocolat sacré est une belle façon de vous célébrer. Des fleurs, un bain à la rose, en y ajoutant la conscience de la célébration, et votre cerveau va danser de dopamine!

Pour vous aider davantage, répétez la phrase suivante chaque matin pendant 21 jours: « Même si je ne sais pas comment, je choisis de faire des microchoix et de poser des actions pour atteindre ma grande vision. » Tout en disant cette phrase, tapotez du bout de votre index et de votre majeur le point Vaisseau Gouverneur 26. Celui-ci se situe entre le nez et la lèvre supérieure.

EXERCICE N° 5

LA MÉDITATION DE L'ANCRAGE

Assis ou debout, les pieds nus bien ancrés au sol, lisez à voix haute le texte suivant:

« De la plante de mes pieds se déploient de magnifiques spirales rouges qui se déroulent puissamment à la boule de feu du centre de la Terre. J'y laisse tout ce dont je n'ai plus besoin. L'énergie du feu et de la Terre remonte doucement par mes spirales rouges, traverse mon corps jusqu'à mon cœur et l'enroule.

Du cœur émane une spirale lumineuse, blanche ou dorée. À partir de cette spirale, un tube lumineux se forme qui traverse ma poitrine, ma gorge et ma tête en éclairant tout sur son passage. Il traverse le plafond, le ciel et monte pour se connecter à ce qu'il y a de plus précieux pour moi, de plus élevé: une étoile, un être ascensionné, une divinité. J'en profite pour y puiser tout ce dont j'ai besoin, tout ce que je souhaite.

Ces puissants faisceaux redescendent pour revenir en moi par mon chakra couronne au-dessus de ma tête pour illuminer mon cerveau, ma gorge, ma poitrine, et rejoindre le cœur, où ils redeviennent des spirales dorées qui s'allient aux spirales rouges peut-être devenues plus pâles ou roses. J'en profite pour les faire grandir dans tout mon corps jusqu'à faire vibrer mes cellules et vitaliser tout mon être. Cette énergie grandit autour de moi.»

EXERCICE N° 6

LE GRAND PROJET

Spiritualiser la matière et matérialiser la spiritualité! Voilà le cadeau que vous fait la vie! Bien ancré, vous touchez à votre divinité et à votre capacité de créer votre réalité.

Dans votre Journal de tirage, décrivez votre «grand projet». Cela implique de se projeter dans la plus haute version de soi. Prenez le temps de méditer et de visualiser dans ce futur. Qui êtes-vous? Où habitez-vous? Qui vous entoure? Que faites-vous?

EXERCICE N° 7

LE RENDEZ-VOUS AVEC SOI

Il est l'heure de prendre rendez-vous avec vous-même! Vendredi, à 11 h, par exemple? Un rendez-vous quotidien pour les deux prochaines semaines serait de mise. Écrivez les points à aborder avec vous-même et respectez ces rendez-vous et ces échéanciers! N'êtes-vous pas votre plus important projet?

En panne d'idées pour combler ce temps solitaire?

- Stimuler chacun de vos cinq sens afin de les réveiller.
- Cultiver le beau, le bon: écouter de grands classiques, cuisiner, s'enrouler dans un doux jeté!
- Prendre une douche méditative. L'eau est en lien avec le 2e chakra, tout comme les fluides du corps. L'eau materne, réconforte.
- S'offrir une heure sans aucun dérangement extérieur, ni téléphone, ni ordinateur. Jouer, danser sur une musique entraînante... Faites plaisir à votre enfant intérieur!

EXERCICE Nº 8

JOURNALING

Dans votre Journal de tirage, notez vos réponses à ces questions de coaching :

1. Suis-je sur le bon chemin ?
2. Est-ce que mon quotidien m'apporte de la joie ?
3. Est-ce que je sens que mes actions sont en lien avec mes valeurs ?
4. De quoi devrais-je me libérer pour vivre réellement ce que je souhaite ?
5. Ai-je le sentiment que mes actions reflètent ma pensée, mon être ?
6. Est-ce que je me sens rejeté ? Si oui, de qui et pourquoi ?
7. Est-ce que je me rejette moi-même en me négligeant ?

EXERCICE N° 9

LA POSTURE DE L'ARBRE

Pour continuer à rayonner, apprivoisez la posture de l'arbre. Cette posture de Qi Gong développe l'assurance et la fierté. Elle renforce à la fois le corps et l'esprit.

Voici comment pratiquer la posture de l'arbre :

Debout, les pieds sont écartés à la largeur des hanches. Les genoux sont fléchis. La tête est droite, le bassin est rentré, le poids est dans les talons. Les épaules sont relâchées. Les mains sont à la hauteur du nombril, les bouts des doigts se font face, comme si nous prenions un arbre dans nos bras. La respiration est naturelle.

Gardez la position au moins 10 à 15 minutes, afin que les tensions se relâchent et que l'énergie commence à circuler dans tout le corps. À répéter tous les matins pendant 21 jours.

EXERCICE N° 10

MES VALEURS

Soyez alerte à votre discours intérieur. Rappelez-le à l'ordre, s'il le faut! C'est le cas s'il a tendance à faire tourner les formules suivantes: «Oui, mais...», «C'est parce que...» ou (pire!) «Je n'y peux rien».

Si ces discours ne vous sont pas étrangers, sortez votre Journal de tirage et répondez à ces questions:

1. En quoi le fait de me sentir brimé, manipulé ou malchanceux me sert-il?
2. Que puis-je changer pour ne pas subir la situation, mais bien agir en toute-puissance?
3. Lesquels de mes besoins et de mes valeurs ne sont pas respectés dans la situation?
4. Comment puis-je agir selon mes valeurs?
5. Est-ce que je vis selon mes besoins?
6. Suis-je entouré de personnes qui respectent mes besoins?
7. Est-ce que mon travail est en congruence avec mes besoins fondamentaux?

EXERCICE N° 11

BIJA MANTRA ET RUDRA MUDRA

Le Rudra Mudra est un geste puissant, efficace et facile à exécuter. Il permet de contrôler le chakra du plexus solaire et de recentrer l'énergie. Il aide aussi à réguler la respiration et la pression artérielle, en plus d'améliorer la concentration et la vue.

Collez le bout de l'index, du pouce et de l'annulaire ensemble. Le majeur et l'auriculaire doivent être tendus vers l'extérieur. Faites ce geste avec les deux mains.

Tenez cette position pendant au moins 5 minutes. Durant ce temps, inspirez et expirez par le nez. Si vous éprouvez de la difficulté à calmer votre petit hamster intérieur, accompagnez ce geste de votre Bija mantra « RAM » à l'expiration.

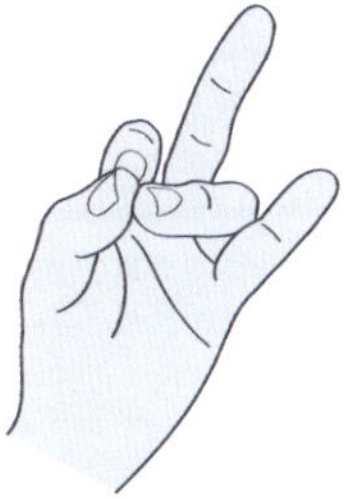

Répétez 3 fois par jour pendant 7 jours.

EXERCICE N° 12

LE POINT 36 ESTOMAC

Le point 36 Estomac est un grand point reconnu comme celui de la longévité en Chine et celui de centaines de maladies au Japon. Ce point peut vous aider à avoir confiance en vous, à vous libérer de l'anxiété et de la pression, et permet de retrouver une harmonie intérieure. Rien que ça!

Il se situe sous le genou, sur la face externe de la jambe, à quatre largeurs de doigt sous la rotule:

En débutant par la jambe gauche, avec le bout de votre index ou de votre pouce, pressez le point 36 Estomac en expirant. Relâchez le point à l'inspiration. Pressez 36 fois le point sur chaque jambe, une jambe à la fois.

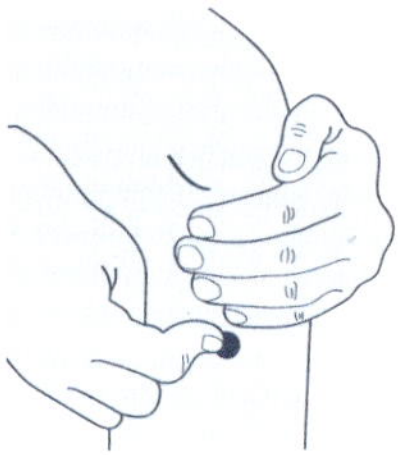

EXERCICE N° 13

LA RESPIRATION KAPALABHATI

Pour passer à un stade supérieur de bien-être, vous avez besoin de vous recentrer. Il semble toutefois que quelque chose bloque ce processus.

Connaissez-vous la puissance de la respiration Kapalabhati? Cette technique de respiration très puissante présente plusieurs avantages, dont celle de masser l'estomac, le foie, la rate, le cœur et le pancréas. Pratiquée régulièrement, elle nettoie le système en entier.

Asseyez-vous les jambes croisées, en lotus, le dos et la tête bien droits. Prenez trois respirations profondes pour vous préparer. Contractez les muscles abdominaux rapidement pour effectuer des mouvements de pompage, afin de forcer le ventre à rentrer, ce qui fait remonter le diaphragme dans la cavité thoracique.

Bouche fermée, expulsez l'air des poumons avec force par le nez. Relâchez les muscles abdominaux; l'inspiration est passive et se fait automatiquement, pas besoin d'y penser. Faites une vingtaine d'inspirations et d'expirations. Terminez ce cycle par une bonne expiration et une courte rétention à poumons vides.

Prenez deux ou trois bonnes respirations avant d'entreprendre un autre cycle. Répétez de 2 à 4 cycles.

EXERCICE N° 14

LA MÉDITATION DE LA COUR JAUNE

Cette technique de libération des émotions provient du Qi Gong médical. La Cour Jaune se situe au niveau du plexus solaire. On la compare à une piscine d'énergie, car elle est au centre de tous les organes. C'est l'endroit où s'accumulent les émotions, notamment celles qu'on refoule ou qu'on oublie.

Cette méditation se pratique en position couchée ou assise, selon votre choix. Je vous invite à lire et à enregistrer les étapes suivantes avec un rythme doux et lent :

1. Détendez-vous et respirez doucement.
2. Pensez à une situation qui vous a affecté ou laissez-vous guider par ce que votre corps souhaite libérer. Soyez à l'écoute de ce qu'il est temps de nettoyer émotionnellement. Vous pouvez ressentir une douleur, une chaleur, un picotement ou un chagrin. C'est un signe de ce que vous devez laisser aller.

3. Visualisez l'ouverture de la Cour Jaune.
4. Doucement, imaginez un nuage noir qui se forme devant vous, à la hauteur du plexus solaire, et qui contient toutes vos émotions refoulées.
5. Filtrez et divisez ce que contient ce nuage noir; observez les parcelles de lumière dorée qui en ressortent pour former une belle bulle dorée et voyez si vous avez une leçon à apprendre. Prenez le temps de bien intégrer cette leçon.
6. Réintégrez dans votre corps, à la Cour Jaune, cette lumière pure et dorée.
7. Imaginez le nuage noir se séparer de vous et remonter vers le plafond, vers le ciel. Puis, demandez du soutien à une divinité, à un guide ou à une puissance de votre choix, pour qu'il ou elle vous aide à faire une belle coupe avec ce nuage noir. Ressentez cette coupe.
8. Le nuage noir s'élève de plus en plus haut dans l'univers pour atteindre la puissance de l'énergie universelle, laquelle le fera exploser. Elle transformera cette énergie négative en énergie pure qui redescendra sur vous et sur la terre comme une pluie douce et lumineuse. Laissez-vous imprégner de cette nouvelle énergie.
9. Respirez doucement.

EXERCICE N° 15

DEVANT LE MIROIR

Vous pensez avoir besoin d'augmenter votre estime personnelle et l'amour que vous vous portez? Allez, hop! Dirigez-vous devant un miroir! Regardez-vous droit dans les yeux en vous répétant, durant 5 minutes: « (Votre prénom), je t'aime. » Répétez pendant au moins 21 jours.

EXERCICE N° 16

L'EXERCICE DU ∞

Le chakra du cœur est en lien avec nos relations. La technique de libération relationnelle du ∞ pourrait vous aider dans la situation actuelle.

Sur une feuille de papier, tracez un 8 à l'horizontale. Dans le cercle de gauche, inscrivez votre nom. Dans celui de droite, notez le nom de la personne dont vous souhaitez vous rapprocher ou décrivez la situation qui vous préoccupe en deux ou trois mots.

Tout en repassant sur le 8 à l'aide d'un crayon, dites à voix haute les affirmations suivantes:

- «Si moi, (votre nom), je t'ai fait du tort dans cette vie ou dans une autre vie, je te demande pardon. Sois en paix, sois béni.»
- «Si toi, (nom de la personne ou de la situation), tu m'as fait du tort dans cette vie ou dans une autre vie, je te pardonne pour tout. Puissions-nous être en paix et bénis.»

Répétez ce rituel tous les jours pendant 7 jours. Le septième jour, coupez le 8 en deux et brûlez la feuille.

EXERCICE N° 17

LES AFFIRMATIONS

Récitez ces affirmations à voix haute :

- « Même si je n'y crois pas, je me sens reconnu, aimé et entouré. »
- « Même je n'y crois pas, je sais que je suis né pour aimer et être aimé. »
- « Même si je ne le sais pas, je ressens dans chacune de mes cellules que je suis assez. »

EXERCICE N° 18

LA COHÉRENCE CARDIAQUE

La cohérence cardiaque est une technique de respiration bien connue. Elle se pratique en position assise, le dos droit, dans un endroit calme. Il suffit ensuite d'effectuer 6 lentes respirations par minute, pendant 5 minutes. Afin d'en retirer tous les bienfaits, il est essentiel de la répéter 3 fois par jour.

Il existe désormais de nombreuses applications gratuites pour vous accompagner dans cette respiration. Vous pouvez y ajouter de la visualisation.

EXERCICE N° 19

VISUALISATION ET MÉDITATION DU CHAKRA DU CŒUR

Pour rester dans cette vibration de prospérité et d'abondance, posez un sourire dans votre cœur et vibrez à l'émotion de la joie!

Asseyez-vous confortablement sur une chaise, les pieds ancrés au sol, le menton légèrement baissé et les yeux fermés. Imaginez que, de la plante de vos pieds, partent de magnifiques spirales rouges qui vont s'ancrer au centre de la terre, au feu de la terre.

Imaginez que, du haut de votre tête, une lumineuse spirale blanche dorée va se connecter à ce qu'il y a de plus puissant pour vous: une étoile, un être aimé, un ange, une divinité.

Visualisez votre chakra du cœur, ce magnifique cône vert qui émane de votre poitrine et de votre dos à la même hauteur. S'il y a des imperfections, enlevez-les, et rendez votre chakra exactement comme vous le souhaitez. Profitez-en pour revisiter les trois premiers chakras pour solidifier vos acquis: le chakra racine, ce magnifique cône rouge qui pointe vers la terre situé entre l'anus et le périnée; le chakra sacré, ce sublime cône orange avant et arrière situé sous le nombril; et le chakra du plexus solaire, de couleur jaune et situé sous les côtes à la hauteur de l'estomac. Revenez ensuite au chakra du cœur.

Maintenant, récitez ces affirmations à voix haute:

- «Chaque jour je me sens aimé et entouré.»
- «Je me sens calme et en pleine confiance dans mes relations.»
- «Je m'aime totalement et profondément.»
- «Je reconnais la divinité en moi et dans chacune de mes cellules.»
- «Je suis né pour aimer et être aimé.»
- «Je laisse l'amour entrer dans ma vie, en toute confiance.»

EXERCICE N° 20

VISUALISATION ET MÉDITATION DU CHAKRA DE LA GORGE

Visualisez, ressentez ou imaginez votre chakra de la gorge. Ce magnifique cône ou spirale bleu, vibrant et lumineux, est situé au niveau de la gorge, à l'avant et à l'arrière du cou. S'il y a des imperfections, enlevez-les, et rendez votre chakra exactement comme vous le souhaitez. N'oubliez pas: il peut s'écouler plusieurs jours, des semaines parfois ou même des mois avant que vous puissiez le ressentir, le voir ou l'imaginer de la façon souhaitée.

Maintenant, récitez ces affirmations à voix haute:

- «J'exprime ma vérité en toute liberté.»
- «Je m'exprime de façon simple et harmonieuse à chaque instant de ma vie.»
- «Je vis de façon intègre et partage ma vérité en toute confiance.»
- «J'exprime ma créativité avec joie.»
- «J'écoute l'autre avec attention et présence.»

EXERCICE N° 21

LIBÉRER LA PAROLE

Dans votre Journal de tirage, répondez à cette question de coaching :

- Qu'est-ce que je risque si je m'exprime en toute honnêteté ?

Si vous souhaitez aller plus loin, vous pouvez faire l'exercice du ∞ (voir page 51).

EXERCICE N° 22

POINT 1 ESTOMAC

Le point 1 Estomac est un point d'acupuncture. Il se situe sous l'œil, au centre de la paupière inférieure (pas dans l'œil!). Avec l'index et le majeur, tapotez doucement ce point en répétant cette phrase: «Même si c'est difficile pour moi, je choisis de vivre de façon intègre et de partager ma vérité en toute sécurité.» À faire 2 fois par jour, pendant 7 jours.

EXERCICE N° 23

LA MARCHE MÉDITATIVE

Marchez 5 minutes à l'extérieur, en silence, en vous concentrant sur votre respiration. Si des pensées surviennent, dites-leur simplement que vous vous en occuperez plus tard. Vous pouvez marcher en ajoutant les sons «OM» ou «AMOUR» à votre respiration.

EXERCICE N° 24

LES TROIS PAGES DU MATIN

L'écriture est une pratique toute simple et puissante qui peut être utilisée par tous. Issues du livre *Libérez votre créativité*, de Julia Cameron, les trois pages du matin s'écrivent au réveil.

Vous aurez besoin de votre Journal de tirage ou d'un carnet réservé à cet exercice. Chaque matin, sans exception, écrivez trois pages très rapidement. Notez tout ce qui vous passe par la tête, sans vous poser de questions. Pas de censure! Si vous ne savez vraiment pas quoi écrire, exprimez-le en notant: «Je ne sais pas quoi écrire.» Vous pouvez même noircir les pages ainsi! Si l'exercice vous ennuie, écrivez-le également.

En créant ainsi de l'espace dans vos pensées, vous finirez par avoir quelque chose à dire. Ces pages sont une façon de méditer, de vous connecter à vous-même.

EXERCICE N° 25

BALASANA, LA POSTURE DE L'ENFANT

Cette posture de yoga masse les organes internes et stimule le troisième œil. Attention: elle est contre-indiquée pendant la grossesse.

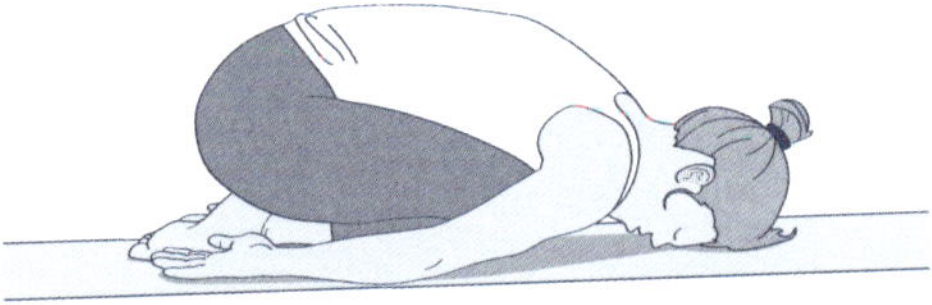

1. Asseyez-vous au sol, vos fesses sur vos talons.
2. Faites lentement descendre votre tronc vers l'avant.
3. Détendez vos bras et laissez-les le long de votre corps, les paumes tournées vers le haut.

4. Alignez les hanches au-dessus des genoux et faites en sorte que les gros orteils se touchent.
5. À l'expiration, descendez le torse un peu plus loin sur les cuisses.
6. Allongez le cou et la colonne vertébrale en étirant le coccyx vers le sol.
7. Détendez vos épaules vers le sol, élargissez vos omoplates.
8. Placez le front en contact avec le sol. Si ce n'est pas possible, déposez le front sur une brique.
9. Respirez doucement et maintenez la position aussi longtemps que vous le souhaitez et que c'est confortable pour vous.
10. Relevez doucement le tronc. Aidez-vous de vos mains, au besoin.

EXERCICE N° 26

LES CINQ SENS

Inspiré d'un outil proposé par le docteur Daniel Dufour, cet exercice commence par une bonne respiration. Ensuite, on explore les cinq sens:

1. On bouge les orteils pour se centrer sur soi avec ses pieds, ici et maintenant.
2. On va toucher, palper un objet ou un tissu en prenant bien soin d'en sentir la texture.
3. On fixe une personne ou un objet, tout en regardant en périphérie, sans bouger ses yeux, en élargissant son regard.
4. On écoute attentivement les bruits ambiants.
5. Et on termine par manger un bon aliment ou une boisson saine en pleine conscience.

MOT DE LA FIN

Nous espérons que vous aurez autant de plaisir que nous à jouer au *Grand jeu de la DÉTOX émotionnelle*! Que ces cartes deviennent pour vous de vraies amies! Un «paquet» d'informations sur vous-même, de pistes à explorer, de découvertes d'outils utiles et faciles. Bref, une source intarissable d'autonomisation, d'équilibre émotionnel et de joie!

REMERCIEMENTS

Merci à Florent Castelnérac, concepteur de jeux international, pour sa participation.

Suivez-nous sur le Web
et les réseaux sociaux!

EDITIONS-JOUR.COM

EDITIONS-HOMME.COM

EDITIONS-LASEMAINE.COM

QUEBEC-LIVRES.COM

EDITIONS-PETITHOMME.COM

EDITIONS-LAGRIFFE.COM